컬러링 성경

정형기

2 예수의 시간

홍성사.

__________ 의 손으로

색칠하다.

오늘 당신의 영혼은 무슨 색깔인가요?
근심 걱정으로 흑백이 되지는 않았나요?

말씀의 치유 시간으로 당신을 초대합니다.
들판의 어린양, 빼곡한 사람들, 다채로운 산과 바다를
당신만의 색깔로 채워 보세요.
집중과 몰입의 순간에 긴장을 풀고 자유를 누려 보세요.

세상을 만드신 하나님의 마음을 느껴 보세요.
그분의 인내와 사랑에 잠잠히 머물 때,
당신의 영혼은 산만한 세상에서도
안식을 누리게 될 것입니다.

따뜻한 차 한잔 마시며,
색칠 놀이 하기 좋은 날입니다.

가장 높은 곳에서
땅에서는 주께서 기뻐

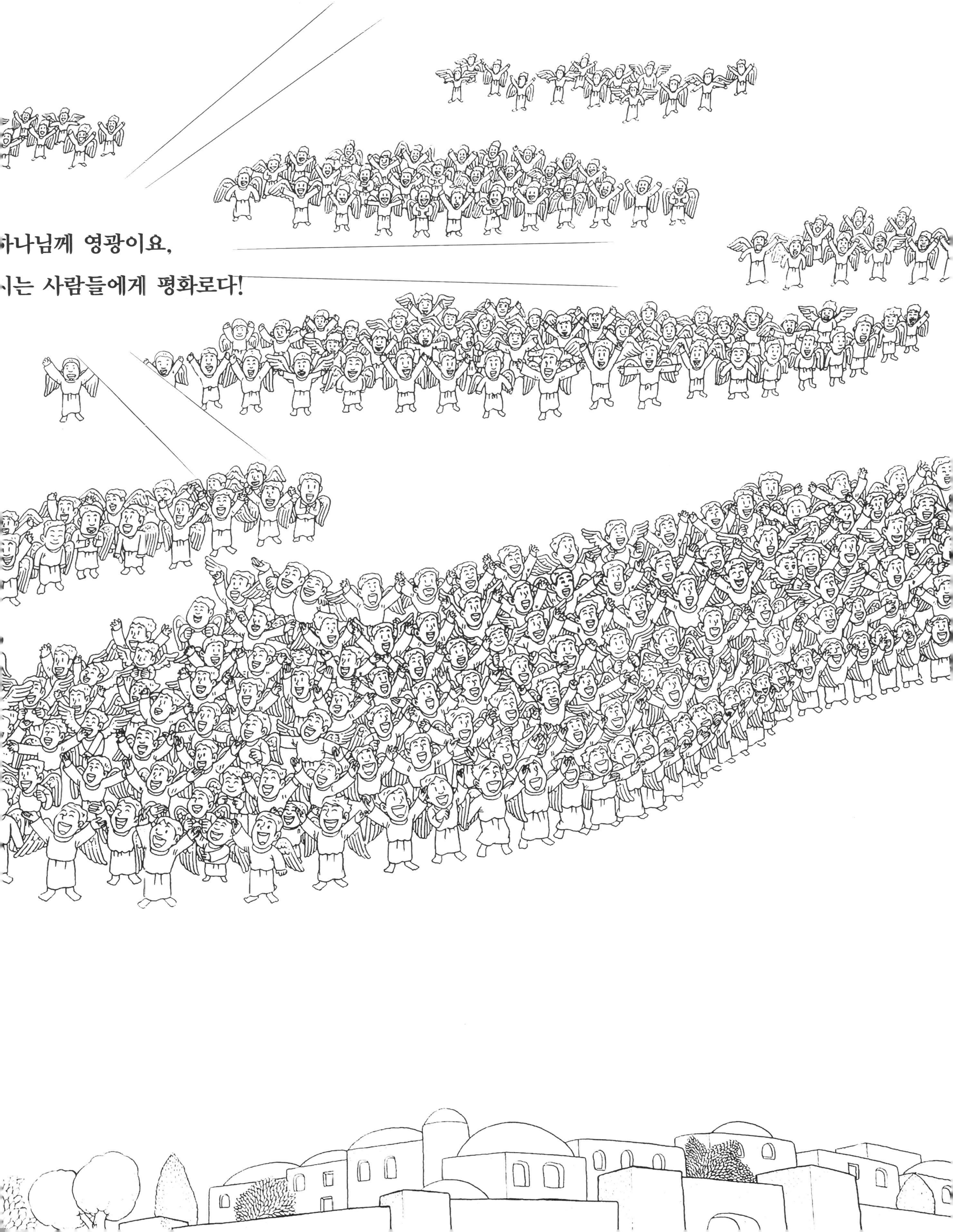

하나님께 영광이요,

시는 사람들에게 평화로다!

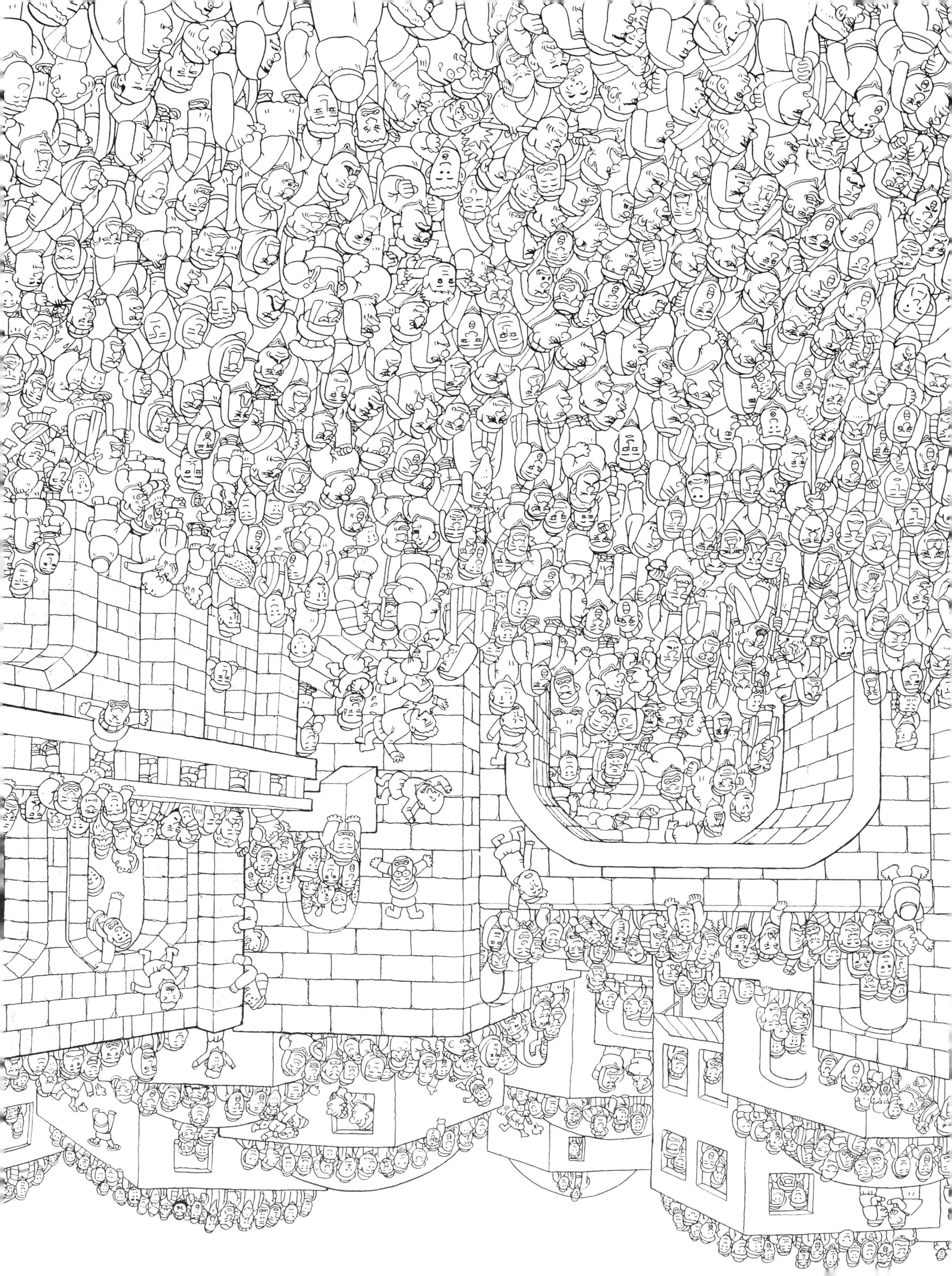

내 영혼을
아버지의 손에
맡깁니다.
. . .

성경 이야기와 함께 보는

예수의 시간

Jesus' Life

〈일러두기〉

본문은 표준새번역 성경을 바탕으로 편집자가 재구성한 것입니다.

예수님의 탄생 소식을 듣다 눅 2:8-21

목자들은 들에서 양 떼를 지키고 있었습니다. 그때 천사와 하늘 군대가 나타나서 하나님을 찬양했습니다. “가장 높은 곳에서는 하나님께 영광이요, 땅에서는 주께서 기뻐하시는 사람들에게 평화로다!”

세례를 받으시다 마 3:13-17; 막 1:9-11; 눅 3:21-22

갈릴리 요단 강가에 예수님이 오셨습니다. 요한에게 세례를 받으시고 물속에서 올라오시는데, 하늘이 갈라지며 하나님의 영이 비둘기처럼 내려오더니 한 소리가 들렸습니다. “너는 내 사랑하는 아들이다. 내가 너를 좋아한다.”

중풍병자를 고치시다 마 9:1-8; 막 2:1-12; 눅 5:17-26

네 명의 친구가 지붕을 뚫고, 중풍병 걸린 친구를 예수님 앞에 달아 내렸습니다. 예수님은 네 친구의 믿음을 보시고는, 중풍병자에게 말씀하셨습니다. “기운을 내라, 아들아. 네 죄가 용서함을 받았다.”

산에서 가르치시다 마 5:1-7:29

예수님은 무리를 보시고 산에 올라가 앉으셨습니다. 제자들도 그에게 나아왔습니다. 그때 예수님이 입을 열어서 그들을 가르치시기 시작했습니다. “마음이 가난한 사람은 복이 있다.”

배 위에서 가르치시다 마 13:1-35; 막 4:1-34; 눅 8:4-18; 13:18-21

큰 무리가 모여들자, 예수님은 배에 올라가 앉으셨습니다. 예수님은 씨 뿌리는 사람, 곡식과 가라지, 겨자씨와 누룩의 비유를 말씀하셨고, 비유가 아니고서는 아무것도 말씀하시지 않았습니다.

오천 명을 먹이시다 마 14:13-21; 막 6:30-44; 눅 9:10-17; 요 6:1-14

예수님은 빵 다섯 개와 물고기 두 마리를 들고 감사 기도를 올리신 후, 제자들에게 떼어 주셨습니다. 제자들이 무리에게 나누어 주자, 모든 사람들이 배불리 먹고도 열두 광주리가 남았습니다.

삭개오를 부르시다 눅 19:1-10

키가 작은, 세리장 삭개오는 예수님을 보기 위해 뽕나무로 올라갔습니다. 한참을 기다리던 삭개오에게 예수님은 말씀하셨습니다. "삭개오야, 어서 내려오너라. 오늘은 내가 네 집에서 묵어야겠다."

예루살렘에 들어가시다

마 21:1-11; 막 11:1-11; 눅 19:28-38; 요 12:12-19

예수님은 어린 나귀를 타시고 예루살렘에 들어가셨습니다. 사람들은 자기의 겉옷을 길 위에 펴거나 나뭇가지를 꺾어 깔았습니다. 그리고 외쳤습니다. "호산나, 다윗의 자손께! 가장 높은 곳에서 호산나!"

사형선고를 받으시다

마 27:15-26; 막 15:6-15; 눅 23:13-25; 요 18:39-19:16

빌라도가 무리에게 말했습니다. "나더러 어떻게 하라는 거요? 정말 이 사람이 무슨 나쁜 일을 하였소?" 그러자 무리는 더욱 크게 소리 질렀습니다. "그를 십자가에 못 박으시오!"

십자가에 달리시다

마 27:32-56; 막 15:21-41; 눅 23:26-49; 요 19:17-30

골고다 언덕 위 십자가에 "유대인의 왕 예수"라는 죄패가 붙었습니다. 해는 빛을 잃고, 성전의 휘장은 찢어졌습니다. "아버지, 내 영혼을 아버지의 손에 맡깁니다." 예수님은 마지막으로 이 말씀을 하시고는 숨을 거두셨습니다.

《컬러링 성경》은 총 3권으로 구성되어 있습니다.

1 창조 그 이후

에덴동산을 지으시다 | 인간이 죄를 짓다 | 홍수가 나다 | 바벨탑을 쌓다 | 아브람을 부르시다 | 멜기세덱이 아브람을 축복하다 | 소돔과 고모라가 멸망하다 | 야곱이 에서를 만나다 | 요셉이 이집트 총리가 되다 | 야곱의 장례를 치르다

3 남겨진 자들

예수님이 부활하시다 | 베드로가 오순절 설교를 하다 | 스데반이 순교하다 | 사마리아에 복음을 전하다 | 사울이 회심하다
베드로가 환상을 보다 | 예루살렘 회의가 열리다 | 바울이 로마로 압송되다 | 재림의 날을 기다리다 | 새 하늘과 새 땅을 보다

그림 | **정형기**

1989년 〈국민일보〉 만화대상전, 1991년 〈스포츠조선〉 국제만화대상전, 1995년 일본 〈요미우리신문〉 국제만화대상전에서 입상했으며, 1996년 〈중앙일보〉에 '만화 동의보감'을 연재하면서 이름을 알렸다. 당시 시사만화가 아닌 다른 장르의 만화가 신문에 연재되는 것은 예외적인 일이었고 이를 통해 주요 일간지들에서도 만화에 대한 인식을 새롭게 하기 시작했다. 작품으로는 《만화 정신건강》, 《만화 동의보감》(이상 북하우스), 《만화 탈무드》(생명의말씀사), 《그림 사영리》(순출판사) 등이 있으며, 2010년에는 '하나님의 사람들'을 〈국민일보〉에 연재하고 2014년에는 역시 같은 곳에 연재된 '한국의 성읍교회' 기사에 삽화를 그렸다. 현재는 〈기독신문〉에 '기독카툰'을 연재 중이다.
7junghk@naver.com

컬러링 성경 2:
예수의 시간
Coloring Bible 2:
Jesus' Life

2015. 10. 22. 초판 1쇄 인쇄 2015. 10. 29. 초판 1쇄 발행 **지은이** 정형기
펴낸이 정애주 국효숙 김기민 김의연 김일영 김준표 박세정 박혜민 송승호 염보미 오민택 오형탁 윤진숙 이한별 임승철 정성혜 조주영 차길환 허은
펴낸곳 주식회사 홍성사 **등록번호** 제1-449호 1977. 8. 1. **주소** (04084) 서울시 마포구 양화진4길 3 **전화** 02) 333-5161 **팩스** 02) 333-5165
홈페이지 www.hsbooks.com **이메일** hsbooks@hsbooks.com **트위터** twitter.com/hongsungsa **페이스북** facebook.com/hongsungsa
양화진책방 02) 333-5163

• 잘못된 책은 바꿔 드립니다. • 책값은 뒤표지에 있습니다.
ISBN 978-89-365-1123-4 (04230), 978-89-365-0545-5 (세트)

홍성사.